LES ÉTOILES DU CHANT

PAR

GUY DE CHARNACÉ

Troisième Livraison.

GABRIELLE KRAUSS

L'ABORE · OMNIA · VINCIT · IMPROBVS

PARIS

HENRI PLON, IMPRIMEUR-ÉDITEUR

RUE GARANCIÈRE, 10

LONDRES	MADRID
M. MITCHELL, LIBRAIRIE ROYALE	CARLOS BAILLY BAILLIERE
BOND STREET	
VIENNE	SAINT-PÉTERSBOURG
CHARLES GÉROLD FILS	ÉMILE MELLIER
ÉDITEUR	LIBRAIRE DE LA COUR

1869

V

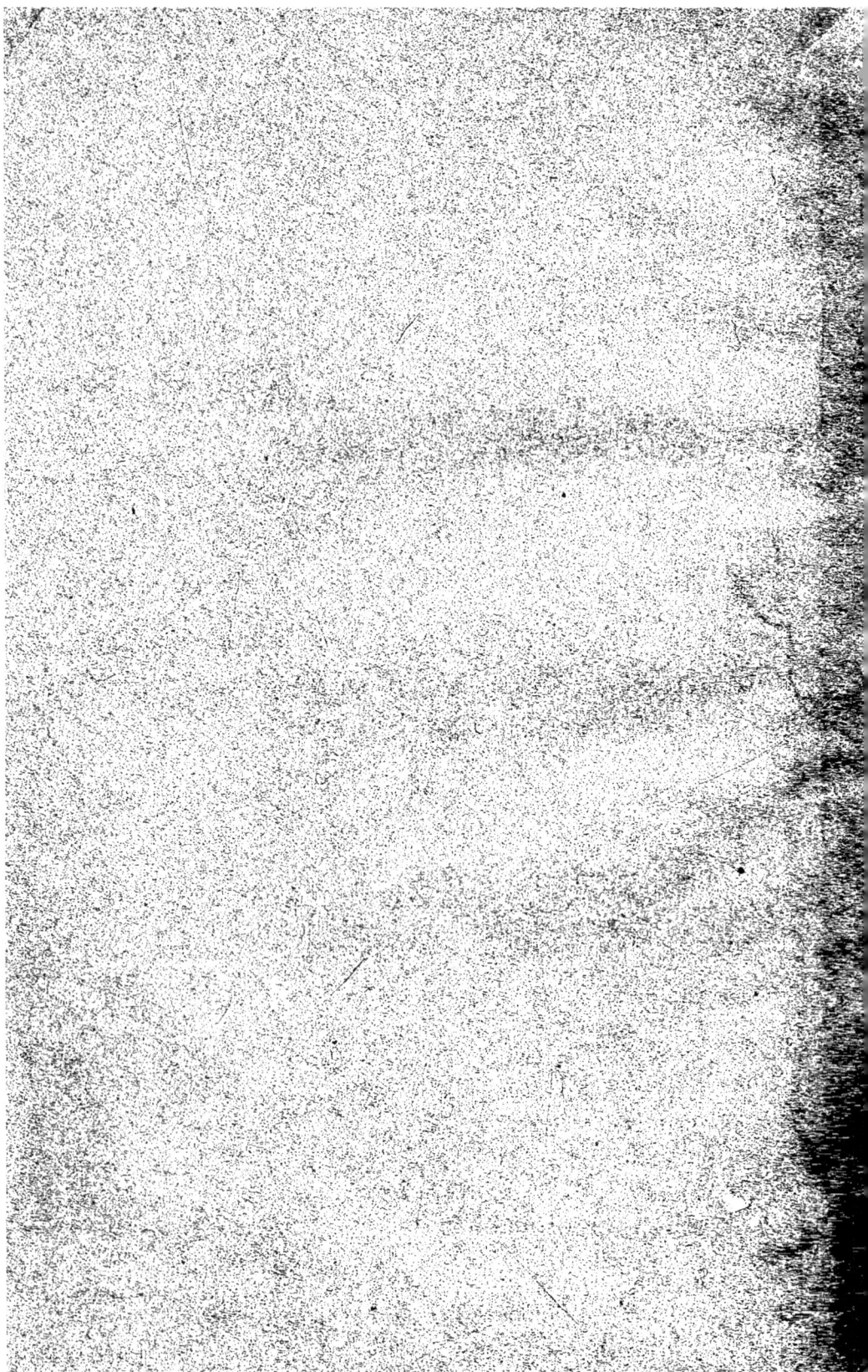

V

13339

GABRIELLE · KRAUSS.

Gravé par Morse

Imp⁺ Chardon Paris

Henri Plon, Éditeur.

GABRIELLE KRAUSS.

I

E burin de mon collaborateur M. Morse vient d'immortaliser Gabrielle Krauss : il me reste maintenant à faire voir par quelles voies et par quels dons la muse germanique mérita de s'asseoir au banquet des dieux.

La lettre que nous adresse mademoiselle Krauss montre que ce rôle m'appartenait un peu, puisqu'il me fut permis de devancer le jugement de mes pairs sur l'artiste que l'on peut considérer comme l'une des gloires de nos scènes lyriques.

Ici, point de récits merveilleux : l'enfant, fille d'un employé ministériel du gouvernement autrichien, ne court pas les hasards sur les grands chemins. Marie-Gabrielle Krauss naît à Vienne, le 23 mars 1842; elle grandit et se développe au foyer d'une nombreuse famille, dans un milieu bourgeois, simple et patriarcal.

Elle montra de bonne heure du goût et de grandes dispositions pour la musique. Dès l'âge de six ans, elle répétait correctement les mélodies chantées par sa sœur aînée, qui l'initia aux premiers éléments de l'art.

Un jour, Gabrielle Krauss se trouvant en présence d'une assemblée d'artistes, on la pria de se faire entendre. Elle se mit alors ingénument à chanter une cantate de Joseph Haydn, *Ariane à Naxos,* que Rossini admirait entre toutes les compositions du grand symphoniste. Le directeur de l'Académie de musique fut tellement ravi de la voix et du sentiment de la petite Gabrielle, dont le goût se manifestait déjà pour la musique des grands maîtres, qu'il engagea M. Krauss à cultiver les heureuses aptitudes de sa fille.

En 1853, elle fut reçue au Conservatoire, où elle commença par étudier le piano, l'harmonie et les langues étrangères. En 1858, elle aborda le cours supérieur de chant, dirigé par madame Marchesi, élève de Garcia, et se fit remarquer par une prodigieuse mémoire et les qualités les plus solides. Bien qu'elle fût la plus jeune des élèves du Conservatoire, Gabrielle Krauss montrait une supériorité telle, que pendant les fréquentes indispositions de son professeur elle dirigeait la classe. Son savoir et son sentiment musical frappaient les juges les plus sévères. Un exemple suffira pour en donner l'idée.

L'Académie avait mis à l'étude *le Paradis,* de Schumann. A l'une des répétitions, la veuve du grand compositeur se désolait de l'absence de la cantatrice dramatique; on lui proposa de confier l'interprétation vocale à mademoiselle Krauss: la jeune fille de seize ans chanta le rôle à livre ouvert et de façon à surprendre grandement tous les auditeurs.

Après cela, il est inutile de dire qu'elle remporta toujours les premiers prix de piano, de chant et d'harmonie, ainsi que la grande médaille d'or, couronnement de ses sérieuses études.

Gabrielle Krauss encore au Conservatoire signait déjà un engagement avec l'Opéra impérial de Vienne, où elle débuta le 20 juillet 1860, dans le rôle de Mathilde de *Guillaume Tell.* Quatre jours après elle se montrait dans celui de Berthe, du *Prophète,* et le 5 août dans celui d'Alice, de *Robert le Diable.*

Cette même année on la vit aborder encore les rôles suivants : Pamina, de *la Flûte enchantée;* Gabrielle, d'*Une nuit à Grenade;* Agathe, du *Freyschütz;* Élisabeth, du *Tannhauser;* donna Elvira et donna Anna, de *Don Giovanni;* Elsa, du *Lohengrin.*

La seconde année, elle enrichit son répertoire des rôles suivants : Anna, de *la Dame blanche;* Valentine, des *Huguenots;* Leonora, du *Trovatore;* Antonina, de *Belisario;* Senta, du *Vaisseau fantôme.*

Enfin, la troisième année, mademoiselle Krauss chanta Amélie, de *Gustave III,* d'Auber; Hélène, de *la Croisade des Dames,* de Schubert; Léonore, de *Fidelio;* la comtesse, des *Noces de Figaro;* Rosaura, de *Cosi fan tutte;* Églantine, d'*Euryanthe;* en 1865 : *Lalla-Rookh, Lucrezia Borgia, Maria di Rohan, Ernani* et *Zampa.*

Voilà certes un répertoire varié, riche et brillant, où l'artiste viennoise déploya les éminentes qualités qui l'ont portée au premier rang des cantatrices de l'Europe. Il ne me paraît donc pas sans intérêt de citer, en les traduisant fidèlement, les opinions de quelques critiques autrichiens sur celle que nous étions appelés à juger nous-mêmes un jour. Elles concernent quatre rôles importants. Voici comment s'exprime un journal de musique sur l'interprétation du rôle de Léonore dans *Fidelio :*

« L'attrait particulier de cette soirée était de voir une nouvelle actrice dans le rôle principal. Mademoiselle Krauss le jouait pour la première fois. Ce n'était plus seulement l'artiste sûre, pleine de goût, accomplie que l'on sait; elle a surpassé les grandes espérances qu'on fondait sur son talent et sur son inspiration. Mademoiselle Krauss a déployé une sûreté merveilleuse en s'élevant à la hauteur de la tâche la plus grande peut-être qui ait été créée jusqu'ici pour une cantatrice dramatique. Rien ne pouvait donc donner une preuve plus éclatante de la nature artistique de mademoiselle Krauss. Le poids du fardeau, loin de paralyser ses forces, excitant au contraire son courage, lui a permis de s'élever à des hauteurs qu'il est donné à peu d'artistes d'atteindre. Elle grandissait à mesure qu'augmentaient les difficultés d'un rôle avec lequel son esprit s'était complétement identifié.

» Pour bien apprécier tout le mérite de cette exécution, il faut se rappeler, d'une part, tout ce que le rôle d'Éléonore exige de voix, de mémoire, d'intelligence chez la cantatrice, et de science scénique chez la comédienne, et se souvenir, d'autre part, qu'elle paraissait pour la première fois dans *Fidelio,* et qu'elle devait avoir l'esprit tendu sur des points bien différents à la fois.

» Que mademoiselle Krauss ait interprété le rôle sans pécher contre les règles de l'art, il n'y a rien là qui étonne de la part d'une organisation si profondément musicale; mais il faut surtout lui tenir compte de son jeu si savamment gradué, de l'ensemble de ces qualités artistiques, de jour en jour plus rares, qui lui permettent de produire à la fois des effets de force, et de donner l'expression partant de l'âme, conditions indispensables pour atteindre les sommets les plus élevés de l'art.

» Il n'y a pas de rôle où ces qualités soient plus nécessaires que dans le second acte, où quatre grands morceaux se succèdent immédiatement. Il n'y a pas de rôle où il soit plus difficile de bien distribuer ses effets, car chaque morceau, par son caractère passionné, rend inutile tout effort tenté pour se ménager en vue de l'explosion finale.

» Mademoiselle Krauss a développé dans le personnage d'Éléonore une grande puissance dramatique, la voix la plus fraîche, et toujours l'expression la plus saisissante. »

M. Zellner, archiviste du Conservatoire de musique à Vienne, parle ainsi à son tour du début de mademoiselle Krauss dans *les Noces de Figaro* :

« ..... Mademoiselle Krauss a réussi complétement dans le rôle de la comtesse. Son interprétation s'est montrée comme un foyer lumineux au milieu de l'éclat d'un merveilleux ensemble. Le rôle est aussi difficile à jouer qu'à chanter. Il ne demande pas, il est vrai, un déploiement extraordinaire de qualités techniques, mais il exige une expression calme, parfois touchante, et un style noble. Nous ne nous souvenons pas qu'aucune cantatrice ait satisfait à ces conditions d'une façon aussi complète que mademoiselle Krauss.

» Elle a exécuté dans un style particulièrement remarquable l'air

Cher Monsieur,

Je vous donne avec empressement l'autorisation que vous voulez bien me demander. J'ajoute que c'est à votre bienveillance et à celle de la presse française que je dois la place que vous me faites l'honneur de me réserver dans vos Étoiles du chant, illustrées avec un si grand art par Mr Morse.

Veuillez, ainsi que lui, agréer l'expression de ma reconnaissance, et tous mes remerciements.

Gabrielle Krauss

Paris, 1er mai 1869.

en *ut* du troisième acte, dont la première partie était le point capital
de la représentation. Le calme noble qu'elle observait avec tant
d'expression et avec un sentiment musical si profond, ainsi que son
exécution vocale, irréprochable jusque dans les moindres détails, ont
rendu l'interprétation de mademoiselle Krauss vraiment magistrale.

» L'attention avec laquelle l'auditoire a religieusement écouté
l'opéra s'est changée à la fin en une véritable tempête d'applaudissements. »

Je terminerai ces comptes rendus de mes confrères viennois par
le récit d'une représentation du *Lohengrin* de M. Wagner, le 26 novembre 1864 :

« Cette soirée a fourni à notre artiste populaire, mademoiselle
Krauss, l'occasion de montrer une fois encore, et d'une manière
éclatante, la rare diversité de ses qualités artistiques et sa complai-
sance à toute épreuve. On sait que le rôle d'Elsa est le monopole
exclusif d'une chanteuse qui a fait parvenir à la direction, assez
tard dans l'après-midi, la nouvelle qu'elle ne pouvait chanter
le soir. Grand fut l'embarras, car il n'était plus possible de changer
le spectacle. On songea à mademoiselle Krauss, qui accepta de rem-
placer madame Dustmann, bien qu'elle n'eût pas même le temps de
consulter la partition, qu'elle connaissait, d'ailleurs, mais qu'elle
n'avait pas regardée depuis plusieurs années. Le risque était grand ;
mais elle n'eut pas à se repentir de sa bonne volonté et de son
audace. Les applaudissements ne furent pas ménagés à son excel-
lente interprétation. Le public lui donna, en cette circonstance,
une nouvelle preuve de sa sympathie. Ce fut principalement dans
la scène de la chambre nuptiale que l'artiste si aimée du public
trouva son triomphe. »

Enfin, voici comment un autre journal annonce le départ de ma-
demoiselle Krauss, au moment où elle s'apprêtait à venir à Paris.
La *prima donna* de l'Opéra impérial fit ses adieux au public dans
Don Juan, le 20 mars 1867. Le 27, on lisait dans le *Alte Fremden
Blatt* :

« Mademoiselle Krauss est l'une des rares artistes qui ne soit pas
ennuyeuse ou ridicule dans le rôle d'Elvire. Elle a chanté avec

un sentiment si touchant le premier trio, le récitatif avec don Juan, l'air en *mi bémol*, que nous étions parvenus à prendre en pitié les malheurs conjugaux de donna Elvira.

» Malheureusement l'éminente artiste, objet de notre admiration, va bientôt nous quitter. Elle a rempli ses devoirs à l'Opéra impérial avec un zèle et un dévouement sans exemple dans les annales du théâtre de la cour, supportant tout le poids d'une tâche rendue souvent bien lourde. Notre souvenir et nos vœux l'accompagneront désormais dans ses courses à travers le monde. »

On voit par ces citations quelle estime le public de Vienne professait pour mademoiselle Gabrielle Krauss, et quelle place elle s'était faite dans le monde musical en Autriche. Ignorant trop souvent ce qui se passe à l'étranger, nous connaissions à peine de nom la cantatrice allemande lorsqu'elle vint en France pour la première fois. L'opinion qu'on avait d'elle dans son propre pays est donc la sanction de la très-favorable impression que je ressentis lors des débuts de mademoiselle Krauss aux Italiens.

A ce moment l'Italie était épuisée comme aujourd'hui. Les maîtrises, les écoles de chant, abandonnées pour les camps, fournissaient peu de chanteurs. Réclamés par les scènes italiennes qui s'élèvent sur les points les plus reculés du nouveau monde, ils se faisaient rares.

Les grandes cantatrices dramatiques de notre génération disparaissaient les unes après les autres. La Frezzolini, madame Anna de Lagrange, la Penco, madame Lagrua et la Lotti jetaient, comme des soleils couchants, leurs derniers feux, sans que le télescope des *impresarii* découvrît de nouvelles étoiles dans le ciel italien, obscurci par la fumée du canon. Il ne restait guère comme *donna de primo cartello* que la Fricci, dont j'admirais naguère à Londres la belle voix et le talent. Alors il arriva que la France, l'Allemagne, voire même l'Amérique, furent mises à contribution par les théâtres de Venise, de Naples, de Milan, de Madrid, de Lisbonne, de Londres et de Saint-Pétersbourg.

M. Bagier, directeur actuel du théâtre impérial italien de Paris, partit alors pour l'Allemagne dans l'espoir de lui enlever l'une de ses célébrités lyriques. Il entendit à Vienne mademoiselle Gabrielle Krauss, reconnut tout de suite ses éminentes qualités, et se promit bien de la ravir à son pays natal à l'expiration de son engagement.

Quelques mois plus tard, en avril 1866, madame Lagrua venait de tomber malade, lorsque le nom de mademoiselle Krauss parut tout à coup sur l'affiche. Arriver ainsi, en plein Paris, sans se faire annoncer et prôner par la réclame, dont les cent bouches célébraient chaque jour une divinité du chant, n'était peut-être guère adroit, mais c'était plus honnête et plus conforme au caractère de l'artiste germanique.

Elle débuta donc sans bruit dans *Il Trovatore* et dans *Lucrezia Borgia*. La critique, d'ailleurs, un peu blasée sur les débuts, à la fin d'une saison, ne prit pas garde à la nouvelle venue. Quant à moi, très-assidu aux Italiens, je fus profondément frappé par les éminentes qualités de la débutante. Depuis bien des années je n'avais été aussi vivement impressionné, mes chroniques musicales de cette époque en font foi.

M. Bagier hésitait à engager mademoiselle Krauss pour l'année suivante. Il objectait, non sans raison alors, un peu de fatigue dans la voix de la chanteuse. Cependant, sollicité par quelques amis, et confiant aussi dans la jeunesse de mademoiselle Krauss, il finit par s'attacher l'artiste qui allait devenir l'honneur de sa direction et relever chez nous l'art lyrique d'un abaissement momentané. C'était peu de jours avant la clôture de la saison 1866-67.

II

Depuis un siècle, cinq étoiles du Nord, cinq grandes cantatrices allemandes sont venues jeter un vif éclat sur la scène des Italiens à Paris. En 1790, c'était mademoiselle Baletti, dont le chant approchait, paraît-il, de la perfection. « Un air noble, décent, virginal, une voix délicieuse, beaucoup d'adresse et d'agilité, un vif intérêt dans le *cantabile*, » c'est ainsi que M. Roger Lestrange nous la présente dans ses *Éphémérides*.

En 1831, c'était madame Schrœder-Devrient qui devait, dix ans plus tard, m'initier aux sublimes beautés des Mozart, des Beethoven et des Weber, et enchanter les premières années de ma jeunesse sur la scène de l'Opéra de Dresde. Je la vis en 1842, cette beauté blonde, créer le rôle d'Élisabeth dans le *Tannhauser* de M. Wagner, comme elle avait déjà créé celui d'Irène dans *Rienzi*. Ce que disait la critique française, en 1831, de la première étoile de l'Opéra allemand, peut s'appliquer aussi à l'étoile de 1869. Lisez plutôt :

« Voyez-la, voyez-la, elle ne chante pas comme les autres, qui chantent pour chanter! Elle ne parle point comme on parle, pour parler! Elle n'agit point comme on agit d'après les règles du théâtre. Elle chante avec des accents qui ne résident pas dans le gosier! Elle oublie le public et sa mission près de lui; elle devient en réalité le personnage qu'elle chante, elle s'identifie à son amour, à ses craintes, à ses espérances, à son désespoir. Voyez-la, voyez-la dans *Fidelio*! Allez entendre *Fidelio*! Vous nous direz si après les angoisses d'une femme qui creuse la tombe de son époux, et qui se dévoue pour le soustraire au fer d'un assassin, vous nous direz si ces accents de la plus vive douleur et de la passion la plus violente ne vous ont point ému, autant que vous êtes ému par la Malibran, et plus que vous n'êtes ému par la Pasta! Votre pouls s'est élevé incroyablement, votre poitrine était haletante, votre cœur battait à vous étouffer! Le *Fidelio* de Beethoven, chanté par une Schrœder, n'est plus seulement de la musique, c'est de la nature sublime! »

A la même époque régnait la Sontag, que je n'entendis qu'en 1845, dans les salons de Berlin, lorsqu'elle était devenue la comtesse Rossi.

Puis vint, en 1838, mademoiselle Ungher, « joignant à l'ardeur du Midi l'énergie du Nord », et après quelques années d'intervalle, mademoiselle Cruvelli, que l'Académie impériale de musique enleva aux Italiens, et que le mariage ravit définitivement à la scène en 1855.

Mademoiselle Gabrielle Krauss est la dernière venue dans ce groupe lumineux. Comme tout ce qui est véritablement grand et durable, la réputation de l'artiste ne s'est pas faite en un jour. Elle n'a point éclaté tout d'un coup comme éclate un feu d'artifice. Ce n'est pas par des tours de force audacieux, par des « points d'orgue » périlleux, devant lesquels la foule émerveillée reste en extase, qui du jour au lendemain rendent un nom célèbre, qu'elle est arrivée à la gloire. Non. Rien de ce qui touche au charlatanisme, à la « réclame », cette puissance moderne si bien exploitée aujourd'hui, ne fut mis en œuvre par mademoiselle Krauss. Elle a conquis le succès par la seule puissance de son talent. Chacun de ses rôles n'a été pour l'artiste, depuis deux ans, qu'une halte où, s'arrêtant seulement pour retremper ses forces et son courage, sans s'arrêter aux ronces du chemin, sans se laisser abattre par les méprises de l'aveugle fortune, elle arrivait à la renommée.

« Son passage au théâtre Italien, dit M. Blaze de Bury, marquera comme un exemple de ce que peut à la longue, sur le public même le plus affolé de fanfreluches vocales, l'autorité de l'intelligence et du talent. A peine distinguée à ses débuts de quelques rares connaisseurs, elle a lentement, mais sûrement, à force de travail, conquis sa place, et cette place est au premier rang. »

On pourrait, à bon droit, s'étonner de voir les protecteurs naturels et officiels de mademoiselle Krauss se tenir à l'écart des débuts d'une compatriote dont le caractère était si honorable; mais leurs salons ne s'ouvrent guère qu'aux excentriques de l'art. Thérésa, la chanteuse populaire, y fut reçue, et la musique de M. Offenbach y trouva des encouragements auxquels l'auteur de *la Grande-duchesse de Gérolstein* doit la majeure partie de sa vogue dans le monde *fashionable*. On conçoit, dès lors, comment un appui sur lequel la simple et noble artiste viennoise devait compter, lui manqua. Il faut avouer que, jadis, les Mécènes d'outre-Rhin, les Lichnowski, les Lobkowitz, les Esterhazy, entendaient autrement le patronage dû aux arts et aux artistes par les privilégiés du rang et de la fortune.

Mais faut-il vraiment s'étonner si nous restons froids là où nos

pères se fussent montrés pleins d'enthousiasme? Il y a dans la vie
des peuples des périodes de décadence où le beau passe presque
inaperçu. Je dis — presque — car l'art, dans les plus mauvais
temps, conserve ses adeptes, ses lévites, ses prêtres. La foule pieuse
se renferme alors dans le sanctuaire du temple, loin des violences
et des sacriléges.

Aujourd'hui nous vivons sous le règne du laid, choisissant nos
idoles quelquefois sur de grossiers tréteaux, souvent dans le ruis-
seau. Pourquoi? C'est qu'il faut plaire à l'argent, et que les délicats
n'en ont guère ordinairement dans ce temps-ci.

Un soir de l'hiver de 1868, j'étais entré dans l'un de ces sanc-
tuaires où le culte du beau, du grand, du simple, trouvait un
asile sûr. Les fidèles étaient rares, mais recueillis, convaincus,
éclairés et enthousiastes.

Il s'agissait de sacrer reine une artiste, une tragédienne lyrique,
née dans la patrie de Haydn, et la couronne portée par les mains du
chantre immortel de Pesaro descendit sur le front de Gabrielle Krauss!

Ce soir-là, le maître auquel j'avais eu, sur sa demande, l'honneur de présenter la *prima donna* dramatique de Ventadour, sentit
comme le souffle d'un nouveau printemps passer sur son front. Je
n'oublierai pas l'impression que Rossini laissa voir en entendant
chanter en allemand le grand air : *Sombres forêts* de *Guillaume
Tell.* Un rayon de sa gloire universelle sembla tout à coup l'illu-
miner. Cette langue germanique lui parut douce et pénétrante sur
les lèvres de la nouvelle Mathilde, et il désirait l'écouter encore.
Mademoiselle Krauss chanta quelques *lieder* de Schubert, le
maëstro répétant toujours : « *Schön! schön!* »

Puis il se leva, ce qui lui arrivait rarement, pour aller embrasser
la grande cantatrice, bien émue de cette suprême consécration de
son talent. Ce fut alors qu'il lui dit cette parole, inestimable dans
la bouche d'un homme qui savait mesurer l'éloge : « Vous chantez
avec votre âme, ma fille, et votre âme est belle! »

Cette parole d'or n'a-t-elle pas plus de prix pour l'artiste que les
plates louanges qu'adressent aux chanteuses en vogue les amateurs
de gazouillements ou de tours de force?

III

En Italie comme en France, aujourd'hui, les études chez la plupart des chanteurs se bornent aux quelques rôles de leur répertoire. Chantant héroïquement pendant vingt ans les mêmes ouvrages, c'est à peine s'ils sortent par hasard de leur étroit domaine. Interrogez-les, ils n'ont rien appris. L'œuvre des maîtres, l'histoire de cette musique à laquelle ils doivent leur fortune et leur célébrité, ils ne les connaissent pas. Comment ce bel art du chant s'est créé, quels furent ses caractères, ses transformations, ils l'ignorent. La pureté, la richesse de cette langue qu'ils chantent, le sentiment ou la science de la plus simple harmonie, ils n'en ont que faire, et rien ne saurait les intéresser que leur propre personne. Aussi faut-il avouer que ces charmants oiseaux ont été et seront longtemps encore, je le crains, les ouvriers les moins actifs du progrès. Le désir de connaître, de comparer, le travail enfin, sont également éloignés de leur esprit. A d'autres les semailles, à eux la récolte ; Mozart meurt pauvre, Rubini millionnaire.

En Allemagne, les études des virtuoses sont tout autres. Leur goût naturel, leur activité, leur application s'étendent à toute la musique. Considérez un instant ces trois chanteurs écoutant un concert. L'un est Italien, le second Français, le troisième Allemand. A sa manière d'écouter, vous distinguerez tout de suite le dernier. Tandis que les deux autres, l'oreille distraite, l'œil au succès, semblent demander à ceux qui les entourent ce qu'ils doivent penser, l'Allemand, au contraire, attentif, le front penché, absorbé dans son impression, approuve ou désapprouve intérieurement, sans souci de ses voisins. C'est qu'il a une opinion, des préférences, un idéal, une esthétique, et que l'Italien et le Français n'ont rien de tout cela.

Gabrielle Krauss, élevée en Allemagne, a bu aux sources vives. C'est une musicienne accomplie. Elle sait son art et le cultive avec

amour. Elle chante les oratorios et les cantates des Bach, des Hæn-
del, des Hasse et des Haydn. Elle a chanté Gluck et Cimarosa,
Sacchini et Méhul, Schubert et Weber, Meyerbeer et Rossini, Men-
delssohn et Verdi. Elle a chanté les œuvres de Schumann, voire
même celles de M. Wagner, si tant est qu'elles soient vocales.
Ce qui ne se chante pas, elle le joue au piano ou à l'orgue; ce
qu'elle ne joue pas, elle le lit; ce qu'elle lit, elle ne l'oublie plus;
sa mémoire tient du prodige. Amoureuse du beau dans le passé et
dans le présent, elle le cherche partout. Ce qui échappe à son ana-
lyse, son instinct le devine. Elle possède un sentiment exquis de
l'harmonie, et les beautés symphoniques provoquent chez elle
l'enthousiasme, autant que la banalité des accompagnements lui
répugne. J'ai souvent interrogé les artistes qui ont fait de la musique avec mademoiselle Krauss : tous ont été frappés de cette
intelligence qu'un seul mot éclaire et qui réalise au moment même
qu'elle conçoit.

Maintenant que j'ai montré son intelligence et sa culture musicales, je parlerai de sa voix. Elle est vibrante, parfois même à
l'excès, d'une justesse admirable, qu'aucune difficulté d'intonation
n'arrête. Elle s'étend du *si* naturel grave à *l'ut* dièze au-dessus
de la portée. Dans les *fortissimo,* les notes aiguës : *si* bémol, *si,*
ut et *ut* dièze, ont un éclat et une force extraordinaires qui domi-
nent l'orchestre et les chœurs. Dans les *mezzo-forte,* au contraire, les notes *fa* dièze, *sol* et *sol* dièze de la deuxième octave
sont légèrement voilées. Les sons du *medium* jusqu'au *si* grave ont
un caractère et un charme tout particuliers. Unis à l'accentuation
si pathétique de l'artiste, ils doublent l'émotion irrésistible qu'on
éprouve en l'écoutant chanter, par exemple, le *Crucifixus* de la
Messe de Rossini. Ces notes voilées de la deuxième octave ont été
critiquées par d'autres avant moi. Faut-il attribuer le commencement d'altération du timbre à l'excès de travail? Je le crois. Ce
n'est jamais impunément qu'on se trouve aux prises avec les rôles
les plus violents et les plus passionnés, qu'on chante avec tout son
cœur, avec toute son âme. La voix de la Pasta, celle de la Falcon,
celle de notre grand Duprez, celle de la Frezzolini, eurent à subir

presque au début de semblables altérations, et précisément sur les mêmes notes. Rien de plus explicable, puisque ce sont les notes sur lesquelles les sopranos et les ténors chantent le plus souvent. Cependant je dois dire que ce défaut est très-atténué lorsque mademoiselle Krauss chante dans sa langue maternelle.

On ne doit pas attendre d'une telle musicienne de ces exercices, de ces tours de larynx qui font la joie d'un certain nombre de dilettantes. Son goût pur et élevé, son respect pour le texte musical qui mérite d'être respecté, la préservent heureusement de pareils travers, et ce n'est certainement pas elle qui altérerait *senza vergogna* les broderies, les ornements d'un rôle, jusqu'à les rendre méconnaissables. La Krauss n'est pas un rossignol, c'est une femme intelligente et sensible qui chante; c'est une artiste, une très-grande artiste! Toutefois, la virtuosité ne l'étonne ni ne l'effraye; sa vocalisation un peu dure, par instants trop précipitée, est brillante et chaleureuse. Elle roule supérieurement les gammes diatoniques ascendantes ou descendantes. Les gammes chromatiques ont moins de précision, mais quelques-uns de ses trilles ont des battements d'une justesse et d'une sonorité presque incomparables. La vocalisation stridente et passionnée, personne ne la possède au même degré que mademoiselle Krauss. Dans le duo final du troisième acte d'*Otello*, par exemple, il est impossible d'exécuter avec plus de pureté et de force la phrase en *ré* :

> *Non arrestare il colpo.....*
> *Vibralo a questo core,*
> *Sfoga il tuo reo furore,*
> *Intrepida morrò.*

Il serait difficile de nier que l'art des chanteurs contemporains ne soit, à quelques exceptions près, tombé en décadence. Beaucoup de choses qui passent pour bonnes aujourd'hui étaient réputées détestables au temps des Garcia, des Sontag, des Malibran. Le *staccato* a succédé au chant lié (*canto legato*); les émissions forcées de la voix, les sons tremblés, voilà ce que nous entendons trop souvent. L'art de bien respirer paraît complétement oublié. On respire comme on veut ou comme on peut, sans se soucier du sens mélodique. Couper la phrase, prendre sa respiration après chaque mot, respirer avec bruit, n'est que peccadille. Ce qu'on ne supporterait pas du soufflet d'un pauvre accordéon, on ne le remarque même plus chez une cantatrice à mille écus la cavatine. Le mal est grand et presque général. Je veux cependant citer, en passant, deux chanteurs dont la respiration est exceptionnellement longue, ce sont MM. Fraschini et Tiberini.

Sans tomber dans les défauts que je viens de signaler, mademoiselle Krauss n'a pu s'en garantir absolument. Nous n'entendons pas lui reprocher dans les élans dramatiques une respiration haletante qui ajoute à l'expression; mais dans le *cantabile* nous voudrions la voir allonger sa respiration, soutenir davantage la fin des périodes, modérer les titillations du timbre, et supprimer certains ports de voix qu'elle fait glisser avec trop de force d'une note à une autre.

Généralement, les « étoiles » sont insatiables d'éloges. Eussiez-vous rempli de nectar ou d'ambroisie la coupe que vous leur présentez, la moindre critique ne vous sera pas pardonnée. Les parfums de l'encens répandus à profusion à leurs pieds seront depuis longtemps évanouis, que saigneront encore les plus légères blessures faites à l'amour-propre de l'idole.

Quelques cantatrices du jour croient avoir à se plaindre de ma critique; mademoiselle Krauss, j'aime à le penser, n'a pas de ces faiblesses. Heureuse de ses triomphes, elle ne s'en enivre pas. Sa raison pèsera la valeur de nos réserves, qu'elle sait être dictées par notre respect pour la vérité et pour la justice. Que l'artiste les approuve ou les rejette, je suis du moins convaincu qu'elle appréciera ma franchise.

Le rôle de panégyriste ne conviendrait pas, d'ailleurs, à notre humeur indépendante. En écrivant *les Étoiles du chant,* il nous est doux de reconnaître et de mettre en lumière les qualités d'un talent; mais, sans franchir les limites imposées par la courtoisie, nous entendons maintenir intacts nos droits et nos devoirs de critique.

J'arrive maintenant aux facultés dominantes chez mademoiselle Krauss, au côté dramatique. Essayons d'abord une esquisse de la femme elle-même :

Gabrielle Krauss est grande, avec un cou puissant, des épaules taillées dans le marbre, des bras magnifiques, une main noble, dont chaque geste parle, et il n'est pas une ligne de son visage qui ne soit en harmonie avec son talent. Elle a l'ovale allongé de la race autrichienne, avec le menton saillant. Sa chevelure châtain foncé s'enroule épaisse et souple sur le sommet de la tête, pour retomber en ondulations sur un front qu'on dirait modelé sur celui de la Minerve antique. Son œil petit, sous des arcades saillantes, lance des flammes vengeresses ou les éclairs de l'amour passionné. Il n'est point de physionomie plus mobile, plus singulière que la sienne. Sa bouche, presque toujours entr'ouverte, avec des dents légèrement écartées, a tour à tour des expressions terribles et des sourires d'enfant. En un mot, elle a le masque tragique de Rachel, à laquelle on l'a souvent comparée.

Vivant seulement pour son art, à l'écart des plaisirs stériles et des coteries de théâtre, dans l'intimité d'une sœur digne, par son dévouement délicat et touchant, d'être associée à la plus noble des existences, mademoiselle Krauss rencontre au milieu de nous, si ce n'est les joies de la patrie absente et toujours présente à son cœur, si ce n'est les premières affections auxquelles les enfants de la Germanie restent à jamais fidèles, du moins l'estime et la sympathie de tous ceux qui ont le rare privilége d'être admis dans son intimité, où tout témoigne d'un culte exclusif pour la muse qui l'inspire si merveilleusement.

IV

Bien que le talent souple et varié de mademoiselle Krauss lui ait permis d'aborder avec succès le genre léger, comme la *Serva padrona*, de Paësiello, qu'elle ait réussi également dans le demi-

caractère, dans le *Piccolino* de madame de Grandval, par exemple,
où elle se montre comédienne accomplie sous le costume d'un
jeune marchand de plâtres, c'est la tragédienne lyrique qui passera
à la postérité. C'est le front ceint du diadème de Sémiramis,
c'est sous la chlamyde de Pauline, c'est la lyre de Desdémone
à la main, c'est le poison des Borgia au corsage, ou sous le
masque de donna Anna, qu'elle vivra dans notre souvenir, comme
l'idéal même de ces sombres figures, types immortels dont elle est
la réalisation.

Rossini, qui voulait lui-même diriger l'étude des rôles de Sémiramis et de Desdémone, n'eut pas le temps d'accomplir ce dernier
désir. Il quitta la terre avant les triomphes de mademoiselle Krauss,
qui, au lendemain des funérailles de l'illustre Italien, chanta les
larmes aux yeux, et d'une voix profondément émue, dans le quatuor de son *Stabat*. Le soir même, entourée d'une foule de célébrités artistiques, conduite par Duprez, notre grand chanteur, elle
eut l'honneur de couronner le buste du maître sur la scène de
Ventadour. C'était le 21 novembre 1868.

Quelques jours plus tard, le public, transporté d'enthousiasme,
l'applaudissait dans *Semiramide*. Sur le trône de la reine assyrienne,
sous le diadème où flamboie l'oiseau symbolique à aigrette bleue,
avec sa tunique de pourpre, la tragédienne était reine aussi, une
vraie reine antique, tour à tour abattue, égarée, terrifiée, fière,
astucieuse et criminelle. Tout ce rôle, elle le compose avec un art
infini.

La première cavatine :

> *Bel raggio lusinghier*
> *Di speme e di piacer*
> *Alfin per me brillò....*

« *un doux rayon consolateur apparaît enfin à mes yeux* », fut dit
avec un charme extrême par la cantatrice. Son beau style se déploya
large et simple dans cette phrase de l'*andante* de l'admirable finale :

> *Qual mesto gemito*
> *Da quella tomba.....*

Le grand duo avec Assur, où le drame palpite, et le duo avec Arsace (triomphe des sœurs Marchisio), furent dits avec la même perfection par mademoiselle Krauss et mademoiselle Grossi.

Jouant pour la première fois un répertoire dont l'Allemagne ne pouvait lui donner la tradition, la cantatrice l'interpréta avec son génie propre, s'élevant à la taille d'une reine de Ninive, alliant à la beauté antique et fatale la solennité majestueuse de Sémiramis. Elle nous la représenta marchant dans ses jardins fabuleux, au pied des géantes murailles de Babylone, nous soutenant pour ainsi dire à la hauteur de ces époques héroïques.

Une telle interprétation fait le plus grand honneur à l'artiste.

Comment oublier aussi la première représentation de *Poliuto*, où mademoiselle Krauss était si admirablement secondée par Tamberlick, dont l'immense talent rend avec un éclat sans pareil les accents du drame romain?

L'illustre ténor triomphe dans *Poliuto*. On ne renverse pas avec plus de noblesse, avec une plus sainte indignation, le trépied où fume l'encens offert aux idoles. On n'accentue pas avec une conviction plus ardente le superbe *Credo* placé par Donizetti sur la lèvre du néophyte.

Quant à mademoiselle Krauss, en la voyant tomber à genoux aux échos de la prière des chrétiens, on songeait aux plus belles créations de l'art. Sa physionomie si mobile reflétait les ardeurs naissantes de la femme touchée déjà par la grâce céleste. Dans son regard, il était facile de lire qu'elle allait bientôt joindre son *Credo* à celui de son époux et courir au martyre. Aussi est-il impossible de décrire les élans religieux de la cantatrice dans le beau duo : *J'entends autour de moi les harpes angéliques!* Rarement une émotion semblable avait été ressentie au théâtre. Le chant de mademoiselle Krauss, dans cette page inspirée, vient de l'âme pour aller à l'âme. C'est admirable! « Je ne pense pas qu'il y ait eu au Théâtre-Italien, disait M. Blaze de Bury, une plus belle étude de l'héroïne cornélienne qu'elle représente. C'est de l'art pathétique, inspiré, du grand art. »

Après tout ce qu'on a écrit, tout ce que j'ai entendu dire de la

3

Malibran et de la Pasta, je suis tenté de croire que mademoiselle
Krauss les rappelle toutes les deux. Je m'explique.

Parfois c'est, avec la Pasta, la tragédie méditée, composée à
loisir, à l'avance, pleine, entière, irrévocablement conçue dans la
pensée de l'artiste avant d'en appeler à l'émotion du public. Tantôt
c'est, avec la Malibran, le drame soudain, improvisé, plein d'inven-
tions inattendues, composées et rendues au moment même où elle
entre en scène.

C'est surtout en lisant Stendhal qu'on aperçoit de nombreux
points d'analogie entre la Pasta et la Krauss. « Beaucoup de ses
notes, dit l'auteur de la *Vie de Rossini* en parlant de la Pasta,
sont fort belles, et produisent une certaine vibration sonore,
magnétique, qui, je crois, par un mélange d'effet physique non
expliqué jusqu'ici, s'empare, avec la rapidité de l'éclair, de l'âme
des spectateurs. En sortant d'une représentation dans laquelle
madame Pasta nous a transportés, l'on ne peut se rappeler autre
chose que l'extrême et profonde émotion dont elle nous a saisis.
On ne sait où se prendre pour admirer. Cette voix n'a point un
timbre extraordinaire, elle ne doit point son effet à une flexibilité
surprenante; ce n'est point non plus une extension inaccoutumée;
c'est uniquement le chant qui part du cœur,

Il canto che nell' anima si sente,

et qui séduit et entraîne en deux mesures tous les spectateurs qui
ont pleuré en leur vie pour autre chose que de l'argent ou des croix. »

En lisant ces lignes, on est frappé de la ressemblance, et l'on se
souvient que la Krauss électrise ses auditeurs de la même façon que
la Pasta électrisait les siens.

M. Roger Lestrange, dans ses *Éphémérides,* dit en parlant des
deux rivales de 1831 :

« Pour les juger dans le même rôle, on prenait pour exemple la
Desdemona d'*Otello.*

» Les romantiques reprochaient à la Pasta de ne pas être la Desdemona naïve, la Vénitienne enfantine de Giraldi Cinthio et de

William Shakspeare ; — ils n'acceptaient pas qu'elle s'inspirât plutôt de l'Iphigénie d'Euripide.

» Les classiques, plus chagrins que les romantiques n'étaient violents, reprochaient à la Malibran de donner à Desdemona une puérilité de colère et de dépit, une gentillesse et une grâce de frayeur, incompatibles avec la dignité dramatique. — Pourquoi, lui disaient-ils, fuyez-vous devant Othello comme une petite fille qu'on veut fouetter? »

Avec les deux illustres cantatrices, on eut à la fois, ajoute M. Roger Lestrange, la tragédie grecque et le drame shakespearien. On put admirer avec Judith Pasta ; on put pleurer avec Marie Malibran, dont Musset a dit dans des stances émues :

> Que ne détournais-tu la tête pour sourire,
> Comme on en use ici quand on feint d'être ému?
> Hélas! on t'aimait tant, qu'on n'en aurait rien vu.
> Quand tu chantais le Saule, au lieu de ce délire,
> Que ne t'occupais-tu de bien porter la lyre?
> La Pasta fait ainsi : que ne l'imitais-tu?

Avec Gabrielle Krauss, dirai-je à mon tour, on peut admirer les ressources d'un art dès longtemps médité et approfondi, et se sentir aussi profondément ému dans la musique pathétique. Elle dit les récitatifs et les morceaux de pure déclamation lyrique dans un style plein de simplicité et de grandeur qu'on ne retrouve chez aucune autre des cantatrices d'à présent. Son geste est étudié, mesuré, académique si l'on veut. Mais lorsque le drame entre dans la passion, elle sait en faire vibrer toutes les cordes. Lorsque la situation tourne au pathétique, comme dans le troisième acte d'Otello, Gabrielle Krauss devient, au dire de M. Paul de Saint-Victor, « une Desdémone très-touchante et très-douloureuse. Dans la romance du Saule, elle rappelle la Frezzolini : c'est la même fièvre et la même langueur. »

« Penchée sur sa lyre, dit M. Jouvin, on l'eût prise pour une de ces héroïnes de l'art romantique que savait rendre avec tant de couleur et de mouvement le pinceau de Delacroix ou celui de Chassériau. Mademoiselle Krauss dit avec une passion croissante les

trois strophes de la romance du *Saule* ; chaque accent de sa voix
semble la rapprocher du dénoûment fatal : Desdémona halète et
se débat, semblable à un oiseau affolé et jeté par une force invi-
sible dans le gouffre qu'il voudrait éviter.

» Le trait de génie du musicien dans cette romance éternellement
neuve malgré sa popularité, est d'avoir noté ce trouble inconscient
et ce vertige de la terreur dans l'âme de Desdémona. Ce que mademoiselle Krauss traduit avec une vive et chaude intelligence de
la situation, joignant la beauté du geste à l'énergie passionnée du
chant, c'est la première phrase de son duo avec Otello. Elle rend
merveilleusement l'indignation du *perfido* et l'involontaire ten-
dresse de l'*ingrato*. Je souligne à dessein ces deux effets, pour en
faire honneur à l'instinct heureux de la jeune artiste ; elle est du
petit nombre des cantatrices qui en ont distingué et marqué le con-
traste. Ce sont précisément ces *riens* dans l'interprétation d'un rôle
qui élèvent l'exécutant ou le laissent ramper dans la médiocrité. »

La tragédienne est à la hauteur de la cantatrice dans tout ce rôle
de Desdémone. Mais c'est peut-être dans le finale du deuxième acte
que mademoiselle Krauss s'élève à la plus grande hauteur. Elle
arrache de vraies larmes dans la phrase :

> *L'error d'un infelice*
> *Pietoso in me perdona,*
> *Se il padre m'abandona,*
> *Da chi sperar pietà ?*

Dans chacun des ouvrages qu'elle aborde, mademoiselle Krauss
prête par son talent si varié aux comparaisons les plus élevées dans
l'ordre artistique. Toutefois ce sont les noms de Rachel et de Frezzolini qui reviennent le plus souvent sous la plume des courrié-
ristes. « Mademoiselle Krauss, écrivait dernièrement encore l'un
de nos plus fins critiques, — M. Xavier Aubryet, — est aujour-
d'hui la première tragédienne lyrique de l'Europe. Depuis la Frezzolini, personne n'a mis dans son chant autant d'âme et d'inspiration, unies à un style supérieur. »

Il faut noter qu'il n'est pas un seul de ses rôles où mademoiselle

Krauss ne recueille les mêmes louanges. « C'est qu'elle est musicienne et cantatrice hors ligne, dit M. de Lauzière dans la *Gazette
musicale*. Elle a la voix, elle a la physionomie, elle a le jeu; elle
sent ce qu'elle dit, et le dit à ravir. Quand, dans *Lucrezia Borgia*,
elle apparaît masquée au premier acte, pour contempler son fils
Gennaro assoupi, on la dirait descendue du cadre de quelque
tableau de l'école vénitienne. On s'étonne de l'entendre chanter
d'une voix si douce ces tendres paroles :

Com' è bello! quale incanto!

ce sont les baisers maternels de la tigresse ! Mais plus tard, lorsque
Orsini lui arrache ce masque au travers duquel on voyait ses yeux
lancer des éclairs, la femme se révèle, le sang des Borgia bouillonne
dans ses veines; ces hommes, qui l'ont insultée, en frissonnent :
ils devinent qu'ils payeront cher leur outrage.

» Dans le trio, lorsque tremblante, éperdue, folle de crainte et
de terreur, elle implore d'un regard don Alfonso, qui la courbe
sous sa cruelle et froide ironie, mademoiselle Krauss est vraiment
remarquable de sentiment dramatique. Et notez qu'il en faut beaucoup, car chacun des morceaux qu'elle chante dans cet opéra est
d'une couleur et d'un caractère différents : il y a la mère, la femme
tantôt révoltée, tantôt soumise, la vengeresse; tendresses, prières,
menaces, défis, désespoir, il y a de tout dans ce rôle multiple. »

Mademoiselle Krauss obtient le même succès dans *Il Templario*,
dans le *Ballo in maschera*, dans *Rigoletto*, où elle sait trouver des
attitudes et des gestes dignes d'inspirer le génie de nos artistes.
Lorsque Gilda poursuit de ses cris de grâce le chant de vengeance
de son père, M. de Saint-Victor la trouve « touchante et tragique
comme ces belles Sabines qui, dans les tableaux, se jettent au-devant
du glaive et désarment le bras des guerriers. » Avec elle, le célèbre
quatuor devient une création dans toute l'acception du mot. De
toutes les cantatrices qui se sont fait remarquer dans cette page
admirable, la Frezzolini, qui créa le rôle de Gilda, est celle dont
l'effet y fut le plus grand. Après elle, je citerai madame de la Grange,

et même mademoiselle Vitali. Mais leur manière, qu'on peut rapprocher, ne saurait donner une idée de l'interprétation tout indi-
viduelle de mademoiselle Krauss. Toutes nos comédiennes peuvent
aller la voir jouer et chanter cette scène finale, elles y puiseront
une belle, une utile leçon d'esthétique.

Nous avons vu quelquefois les chanteuses feindre de s'arracher
les cheveux, les mettre en désordre pour se donner des airs de
tragédienne. Avec mademoiselle Krauss, ces « ficelles » sont inu-
tiles; avec elle, point de cris, point de gestes exagérés. Comme
d'autres, elle ne s'avance point avec des airs de furie sur la rampe
pour menacer l'assistance, qui n'en peut mais..... Non, Gilda reste
près de Rigoletto, mêlant ses sanglots à l'indignation, à la vengeance
paternelles. Mademoiselle Krauss met toute son âme et donne toute
sa voix dans ce grand sanglot; elle y monte par deux fois, comme
d'un élan, au *ré* suraigu. On ne saurait avoir plus d'effusion dans
les larmes, d'ardeur dans la souffrance, de passion dans le martyre
accepté. Ces sanglots étouffés que le musicien a voulu rendre n'ont
jamais remué l'âme du spectateur comme le fut celle des véritables
artistes le soir où mademoiselle Krauss parut dans cet opéra. Ce
sont de ces fortes émotions qu'on n'oublie pas.

En un mot, elle s'élève dans le personnage de Gilda jusqu'aux
plus hautes cimes de l'art pur; l'expression dramatique et la com-
position ne sauraient aller plus loin.

Il serait monotone de suivre l'artiste dans tout son répertoire; il
suffit de l'avoir montrée dans quelques ouvrages. Terminons donc
cette rapide revue par le rôle de donna Anna dans *Don Juan*.

« Mademoiselle Krauss comprend profondément la musique de
Mozart, » écrivait M. Théophile Gauthier après l'avoir entendue
dans cet opéra. En effet, c'est la pensée même de l'immortel musicien qu'elle nous donne. Donna Anna est une femme divine, dont
l'âme pure échappe à la puissance du diable, et destinée, dit Hoff-
mann, à arracher don Juan au désespoir de ses vains efforts. Qui
pouvait mieux rendre ce caractère que la noble artiste viennoise,
dont le talent a grandi sous l'aile même d'un génie que pénètre son
âme ardente et sensible? Par la taille, par la majesté, elle est la

digne fille du Commandeur. En la voyant, on peut s'écrier avec le
conteur fantastique de l'Allemagne, lorsqu'il entrevoyait donna
Anna dans l'un de ses rêves : « Quelle tête! des yeux d'où s'échap-
pent, comme une gerbe de feux électriques, comme un feu grégeois
que rien ne peut éteindre, la colère, l'amour, la haine, le désespoir; des nattes de cheveux noirs flottant sur le cou; une robe
blanche qui voile et trahit à la fois des charmes qu'on ne vit
jamais sans danger. Son cœur, soulevé par une action atroce, palpite violemment. Et maintenant quelle voix! » Elle éclate comme
un éclair dans le tumulte des instruments :

Non sperar, si non m' uccidi.....

Mais voilà la grande scène qui commence. Donna Anna s'écrie
en reconnaissant don Juan : « O Dieu! c'est lui qui fut l'assassin
de mon père! » Tout ce récitatif est dit par mademoiselle Krauss
avec un style admirable. Bientôt la tragédienne cède le pas à la
cantatrice. Ce n'est plus Rachel, c'est la Schrœder-Devrient telle
que je la vis jadis. « Je te demande vengeance! » dit-elle à don
Ottavio avec l'accent le plus pathétique que puisse inspirer l'amour
filial. Mademoiselle Krauss met toute son âme de feu dans cet air
terrible, l'effroi et l'écueil des plus célèbres cantatrices :

Or sai chi l'onore.

Une sorte de frisson parcourt la salle à ce moment, et les plus
vieux se demandent si jamais ils ont entendu rien de comparable.
Plus tard, donna Anna, accompagnée de donna Elvira et de don
Ottavio, pénètre, à la faveur d'un « domino », dans les jardins de
don Juan. C'est le fameux trio des masques précédant ce chœur
entraînant :

Viva la libertà!

adorable trio où mademoiselle Krauss triomphe, et où j'ai vu les
couronnes d'or tomber à ses pieds. Quelles nuances, quelles délicatesses de style, quels élans, quelle émotion elle met dans cet

hymne, où l'élégance, la grâce mélodique, la clarté de la forme, la profondeur des idées, le « croisement » ingénieux des parties, émeuvent l'âme et satisfont l'esprit du musicien, but suprême de l'art !

A partir de ce moment, nous ne revoyons plus donna Anna qu'une seule fois. Elle est seule dans sa maison, en proie aux sentiments qui l'agitent : désespoir de la mort de son père, haine, ardeur d'une passion qui la dévore, et que l'indolent et froid don Ottavio ne saurait faire revivre. Aussi lui demande-t-elle le temps nécessaire pour oublier ! Mais dans ses paroles on sent que son fiancé ne serrera jamais sur son cœur la victime de don Juan :

Forse un giorno il cielo ancora
Sentirà pietà di me.

V

Deux triomphes éclatants jettent encore un nouveau lustre sur l'admirable talent de mademoiselle Krauss. Dans le courant de la saison de 1868-69, la Société du Conservatoire impérial de musique lui demanda de chanter à l'un de ses concerts le grand air de *Fidelio* et le célèbre finale de la *Vestale*. Le récitatif de ce finale de Spontini et le *cantabile* qui le suit :

O des infortunés déesse tutélaire,

furent dits en français par la cantatrice viennoise, et de façon à montrer qu'elle aussi pourrait, quand elle le voudrait, affronter la scène de l'Académie impériale de musique.

Dans le morceau de *Fidelio,* chanté en allemand, la *prima donna* de Ventadour se montra supérieure à elle-même. L'effet ne fut point troublé par cette langue allemande, si peu favorable à la voix, prétendent surtout les gens qui n'ont jamais chanté ni en italien, ni en français, ni dans aucune langue, ce qui permet de supposer que leur sentiment est mal fondé.

La voilà donc enfin rendue, cette admirable musique qui jusqu'à présent n'a rencontré en France qu'une froideur explicable seulement par la faiblesse des exécutions. Les meilleurs esprits se sont laissés aller à des appréciations bien étranges sur cette œuvre, l'une des plus belles de Beethoven.

Dans ses *Musiciens contemporains*, publiés en 1856, M. Blaze de Bury dit : « Il y a dans le personnage de Fidelio, à côté de difficultés vocales presque insurmontables, des conditions de sentiment, de pantomime, de physionomie, qui rendront toujours impossible à la scène d'atteindre l'idéal de la création de Beethoven. »

C'est à dessein que je rappelle la date du livre de mon éminent confrère. A cette époque, il n'avait entendu que des interprètes sans conviction, sans talent suffisant et sans tradition, à l'exception de la Schrœder-Devrient, qui, au dire de M. Blaze de Bury, « n'a jamais rempli qu'une des conditions du personnage de Beethoven, qui jouait cette musique, mais ne la chantait pas. »

Sans doute, mon cher maître, si ce que vous entendez par musique vocale n'est autre chose que l'ensemble des formules qu'on a ressassées depuis quarante ans, mélodies enguirlandées qui reposent toutes sur quatre ou cinq modulations dont on ne peut entendre le commencement sans deviner aussitôt la fin, vous avez raison.

Mais si le chant est pour vous ce qu'il doit être pour un esprit comme le vôtre, c'est-à-dire l'expression vraie que, dans ses agencements naturels, la mélodie doit exprimer, c'est dans les chants sublimes de *Fidelio* que nous devons chercher les plus beaux modèles.

Le jour où mademoiselle Krauss chanta cet air de *Fidelio*, le souvenir de madame Schrœder-Devrient fut effacé. L'orchestre, les chœurs et le public du Conservatoire applaudirent tout d'une voix le style admirable, le sentiment si pathétique de l'artiste. Ceux qui assistaient à ce concert n'oublieront jamais ces chants sublimes.

Enfin, peu de jours avant la clôture de la saison théâtrale, mademoiselle Krauss ajoutait un nouveau fleuron à sa couronne, dans la *Messe* posthume de Rossini, où la cantatrice avait à vaincre

le voisinage, redoutable pour toute autre, de madame Alboni.
L'illustre contralto, qui avait abandonné la scène depuis son mariage avec le comte Pepoli, consentit à chanter aux Italiens la
dernière œuvre de Rossini. Déjà lors des funérailles du maître on
avait entendu cette voix unique s'unir à celle de la Patti dans le
duo du *Stabat*. Sous les voûtes du temple catholique le style large
et simple de madame Alboni avait produit un tel effet, qu'on
entendit comme un vague murmure d'admiration s'élever de la
foule, malgré la sainteté du lieu. La comtesse Pepoli triomphait
de la marquise de Caux dans cette lutte artistique et pieuse.

A l'audition de la *Messe* solennelle de Rossini, le résultat fut tout
différent. Madame Alboni étonna d'abord l'assistance par le timbre
sonore d'une voix restée ce qu'elle était jadis — un fleuve tran-
quille où l'on se mire comme dans le plus pur cristal. Mais le
premier moment de surprise et d'admiration écoulé, on s'habitua à
la monotonie de l'instrument, et, il faut le dire, le public resta
froid.

Une vive émotion, au contraire, s'empara de nous lorsque
mademoiselle Krauss prononça ces paroles du *Gloria : Miserere,
miserere!* L'accent si pénétrant de la cantatrice alla droit à l'âme
des auditeurs. Dans le *Credo*, la phrase du *Crucifixus* provoqua un
immense enthousiasme. Cette parole fut comme l'adieu suprême
de l'artiste à celui dont elle avait enchanté les dernières heures.
Ce triomphe se renouvela à chacune des auditions de la *Messe* de
Rossini à Paris comme à Bade, dont les journaux acclament mademoiselle Krauss comme « l'artiste la plus complète, la plus inspirée
qui soit encore venue dans ses murs. »

Nous n'avons pu reproduire tous les éloges décernés à mademoiselle Krauss par nos confrères, mais il nous plaît d'appuyer
notre opinion personnelle de leur autorité, en y joignant les noms
de MM. Ernest Reyer, Nestor Roqueplan, Eugène Tarbé, Léon
et Marie Escudier, Beaufrère, Maurice Cristal, Gustave Ber-
trand, Henri Lavoix, Amédée Achard, Hippolyte Prévost, Paul
Foucher, etc., dont les sympathies n'ont pas manqué à la pension-
naire du théâtre Ventadour. Les poëtes la chantent à leur tour.

C'est ainsi que M. Astruc, dans des alexandrins bien forgés, peint l'héroïque allure de notre *diva* :

> Avec ton front de muse et tes airs de statue,
> Ta pose souveraine et tes yeux étoilés,
> Tu formes des rayons dont une âme est vêtue,
> Fille de Beethoven, nos beaux rêves ailés.
>
> Chante les fiers combats qu'un vertige accentue,
> O guerrière! et le drame en cris échevelés;
> Ton souffle a l'héroïsme et ta passion tue,
> Cornélienne enfant, ceux qu'elle eût consolés.
>
> Les plus glorieux noms se courbent sous ta lyre;
> La musique des dieux va seule à ton délire;
> Tu grandis notre ivresse et l'idéal vainqueur.
>
> L'harmonie est en toi, sublime, avec ses fièvres.....
> Porte-nous donc au ciel sur le pli de tes lèvres,
> Dans un recueillement divin comme ton cœur !

En finissant, nous sommes pénétrés d'un grand bonheur, c'est de penser que les maîtres ont enfin retrouvé une interprète. L'art s'est personnifié dans une âme qui a pour elle les plus nobles aspirations et tous les héroïsmes. A un sentiment d'artiste si virtuel et si élevé, à l'étude approfondie des chefs-d'œuvre, Gabrielle Krauss joint toutes les délicatesses de la femme et cette vaillance du cœur qui nous fait pénétrer l'esprit des grands créateurs. Elle accomplit aujourd'hui, chez nous, dans le chant, ce que Rachel avait déterminé dans la diction; elle est inspirée comme sa devancière, elle montre les mêmes élans sublimes. Elle ressuscite l'héroïne de Corneille à travers Beethoven et Mozart. Pour la génération actuelle, notre héroïne est certes un bel exemple. Gabrielle Krauss contribuera, dans une large mesure, espérons-le, à purifier le goût; sa voix nous redira ces poëmes depuis longtemps oubliés faute d'interprètes, et nous communiquera le souffle lyrique d'une génération à peu près disparue. La tâche est lourde, mais elle convient aux forces de l'artiste, et nous nous applaudissons de l'avoir désignée au début pour ce magnifique fardeau. Son plus beau triomphe sera d'avoir réagi contre cet art innomé de quelques cantatrices à la mode, dont mademoiselle de Murska s'est faite l'interprète aux Italiens, après les grossiers succès d'une Schneider dans un autre genre. Nous finirons par ne plus accepter ces licences, ce dévergondage, et par reconnaître ce qu'un élément si bas a de périlleux pour le goût. Désormais nous voudrons être émus; nous aimerons nous reprendre au beau et quitter ces régions malsaines où la mode cherchait à nous plonger. Le vrai nous apparaîtra avec ses exquises consolations et cette paix qu'il donne à nos âmes.

Gabrielle Krauss nous ramènera dans les voies illuminées par ses illustres devancières; elle nous dira : Voilà le vrai! et nous irons l'écouter en lui témoignant ce que sa voix a de sympathique pour nos cœurs, ce que sa passion a d'irrésistible pour nos sentiments. Nous verrons refleurir les belles traditions menacées d'abandon, et ressaisies par la digne héritière des Schrœder-Devrient, des Pasta et des Frezzolini. Grâce à elle, notre génération saluera encore une fois la renaissance de l'art dans toute sa grandeur.

PARIS. TYPOGRAPHIE DE HENRI PLON, IMPRIMEUR DE L'EMPEREUR, RUE GARANCIÈRE, 8.

Les *Étoiles du chant* formeront un volume grand in-8° colombier. L'ouvrage paraîtra en livraisons. Chaque livraison contiendra la notice, le portrait en taille-douce et un autographe de l'artiste.

Portraits gravés par M. MORSE; ornements et illustrations de M. CATENACCI.

Prix : **2 francs 50 centimes** la Livraison.

La première livraison contient la Biographie et le Portrait de Mme ADELINA PATTI.

La deuxième livraison contient la Biographie et le Portrait de Mlle CHRISTINA NILSSON.

PARIS. TYPOGRAPHIE DE HENRI PLON, IMPRIMEUR DE L'EMPEREUR,
RUE GARANCIÈRE, 8.